© 2025 Heinrich Raab
Verlag: BoD · Books on Demand GmbH, Überseering 33,
22297 Hamburg, bod@bod.de
Druck: Libri Plureos GmbH, Friedensallee 273, 22763 Hamburg
ISBN: 978-3-8192-2726-4

VITTORIO HÖSLE GEWIDMET

Ein Buch dir Großen ganz zu weihen
Erschien ich Kleiner mir zu klein.
Und Worte, die wie Raben schreien,
Müssen schlechte Ohmen sein.

Las alles, was du hast geschrieben;
Mit Hegel steh'n und fallen wir.
Den Nietzsche aus dem Land getrieben
Erwachsen Blumen, schöner Zier.

Mag auch manches Wort Belehrung
Ich junger nur mit Spott beseh'n,
Bleibt doch des Alters Hoch-Verehrung
Einem Bollwerk gleich besteh'n.

Wer kann mich bis zu Ende denken?
Wer erklimmt des Berges Grau?
Dich tat der Himmel reich beschenken;
Kennst meine Gipfel sehr genau.

DER AUTOR

> Das stets geschäftige, in seinem instinctartigen Thun ge-
> störte Volk (...) ist bienenschwärmerisch über mich her-
> gefallen, um mir wenigstens durch die Menge seiner
> kleinen Stiche eine Wunde zu versetzen.
> —C. F. Bachmann

Gebt ihr mir einen Stift,
So werd' ich schreiben;
Flößt ein das Rattengift,
Labt euch an meinen Leiden.

Gebt mir ein Schwert und Schild,
Ich will euch alle töten.
Zu lang bin ich's gewillt;
Der Wange kein Erröten.

Ich steh' nicht zu Gebot
Für eure finstern Pläne;
Hass' euch bis auf den Tod,
Zeig' meine blanken Zähne.

Ich will nicht sein wie ihr.
Ihr macht die Minne schwinden.
Erbarmungslos das Tier
Ersuche ich zu finden.

Ohn' euch ist keine Macht
Und mit euch euer Sterben.
Nach langer Nächte Wacht
Gebart ihr einen Schergen.

Ihr seid die große Scham
Und ich euer Erwachen.
Mit einem flinken Arm
Zieh' ich herab die Nachen.

Mit einem schwarzen Mund
Sprech' ich die schlimmen Reden.
Morde ohne Grund;
Aus tiefem Tal ein Beben.

Der Schafe bester Wolf,
Ein Stein der eitlen Sense;
Vom Ganges bis zum Golf,
Ein Schlachtbeil für die Gänse.

Der schlimme Feind bin ich,
Euch allen ein Erlöser.
Von vieler Mücken Stich
Die Wunde umso größer.

Je kleiner ich mich mach',
Je länger meine Kratzer.
Blut gerinnt schon schwach
Auf Haut aus Alabaster.

DER LESER

At last they came out of the stony darkness and looked about. They were on a wide flat rock without rail or parapet. At their right, eastwards, the torrent fell, splashing over many terraces (...). A man stood there, near the brink, silent, gazing down.
—J. R. R. Tolkien

Wer ist das Ohr für meine Leier?
Wer die Kette meinem Glied?
Wer sitzt mit mir im Mondlichtweiher
Und singt die alten Worte mit?

Ich denke, du suchst Trost in Zeilen,
Die wie Granit gehauen sind.
Am Weiher willst du gern verweilen,
Auf daß dort unser Lied erklingt.

Ich denke mir dich hart im Nehmen
Und dennoch zart wie Elfenbein.
Nach Schatten suchst du und nach Schemen
Und singst mit mir dies Lied hier ein.

Wir werden uns vielleicht nie sehen
Von Angesicht zu Angesicht
Und trotzdem klagt ein fernes Flehen:
Ich kann nicht leben ohne dich.

Wer ist das Auge für die Bücher,
Die ich Kreatur verbrach?
Wer bringt dem nackten Mann die Tücher,

Der sich so sehr die Blöße gab?

Mein Bart rauscht sacht durch junge Weste,
Das Haar umspielt der seichte Wind.
Der Weiher ist uns eine Feste,
Wo Zähren mit im Wasser sind.

Wer ist der Arm für meine Schwerter,
Geschmiedet tief unter dem Grund?
Einherier und auch Berserker
Setzen sicher über'n Sund.

Ich fürcht' des Alles endlos Klaffen,
Versteck' mich zwergengleich im Schoß
Des Bergs, wo Erze Wunder schaffen.
Man hört der Hämmer harten Stoß.

Wer ist die Hand für das Getaste?
Wer fährt mir meine Narben nach?
Wie ich bei dir im Weiher raste
Verspür' ich Dunkelsinn und Schmach.

Am Weiher prasselt wenig Regen.
Verwischt im Kreis das Abgebild.
Der Mond am Himmel tat sich regen;
Ich leg' den Speer ab und das Schild.

Da bricht ein Graurock mit dem Lichte
Und schiebt sich frech vor ihn hinweg.
Die Freude wurde mir zunichte.

Die Finger wühlen noch im Dreck.

Im Dunkel trennen wir uns wieder;
Ein jeder hebt die Waffen auf.
Das Nass durchtränkt die müden Glieder;
Ein Klagelied zum Himmel rauf.

Wer ist wie du so ganz verwegen?
Wer geht wie du im Marsches Schritt?
Wer fühlt am Bach den kalten Regen?
Wer singt mir meine Lieder mit?

DER DORNENSTRAUCH
Und andere Gratwanderungen des Geistes

Heinrich Raab

Inhalt

Dornenstrauch

> Roses are planted where thorns grow.
> —Blake

[1] Man darf seine Geschichte nicht kennen. Nur wer die Taten seines Vorgängers begreift, kann sie auch wiederholen.

[2] Wer sich nicht ganz ernst nimmt, gehört in den Zirkus.

[3] Mit den meisten Romanen ginge man am besten zu Rate, wie die Missionare mit heidnischer Literatur umgingen: Die Worte vom Pergament kratzen und neue Schriften aufsetzen.

[4] Wes Geist ich Kind, des Brot ich ess.

[5] Nietzsche ist etwas, das überwunden werden muß.

[6] Es gibt keine größere Dummheit, als an sich zu glauben. Glaubt denn der Blitz an sich, wenn er in die Wohnungen der Menschen fährt? Oder der Löwe, der ein Lamm reißt?

[7] Der Mensch muß härter werden, nur so gelangt er zur Kultur.

[8] Nicht alles, was der Form nach Kunst wäre, ist auch tatsächlich Kunst. Ähnliches gilt den Logikern für umgangssprachliche Sätze. Es ist unmöglich, unlogisch zu denken, gleichwohl im gemeinen Gebrauch Verstöße gegen verschiedene Systeme der Logik vorkommen.

[9] »Nein, nein, in der Philosophie gibt es nicht *die* Wahrheit« — *contradictio in terminis:* Es gilt absolut, daß nichts absolut gilt.

[10] Immer, wenn ich mir einen weniger gebildeten Jean Paul vorstelle, wird G. K. Chesterton daraus. Man kann seine Bücher auf zweierlei Arten verderben.

[11] Es gibt Bücher und es gibt Bücher. Wer Papier auf eine solche Art bearbeitet, daß man durchaus von einem Roman sprechen muß, ist darum noch kein Schriftsteller.

[12] Oh nein, Sie müssen den Hut nicht abnehmen. Es genügt schon, wenn Sie vor mir niederknien. — An einen Schulmeister.

[13] Man kann sich nicht absolut negativ verhalten — weshalb sich auch der Skeptizismus rein logisch nicht zu Ende denken lässt: Er führt geradheraus in den Wahnsinn, der außerhalb aller Logik liegt.

[14] Wer von einem Gott ausgeht, der persönlich ist, nach Launen handelt und manches liebe Mal wie Odin nach Midgard herabsteigt, um nach dem Rechten zu sehen, der sollte auf seinen Altar auch einen großen Spiegel stellen. Dann ist er seinem Schöpfer am nächsten.

[15] Eine Schwalbe macht noch keinen Frühling, ein genialer Gedanke noch kein Genie.

[16] Die Lehre von Gut und Böse, die uns Lord Voldemort gibt, ist Nietzsches Übermensch in der Nussschale. — Und ihr wollt leben, wie ein Schurke in einem drittklassigen Roman?

[17] Das Christentum ist langweilig. Den größten Einwand, den ich bisher wider diese Religion erfahren habe, war das laute Gähnen aus einer Kirchenbank.

[18] Wer in der Philosophie nichts zu sagen hat, erfindet wenigstens neue Termini.

[19] Man soll seine Übersetzung recht wie der Schiffer verstehen, und den Ausdruck von einem Ufer an das andere geleiten.

[20] Blake ist die christliche Version von Nietzsche. Es zeigt sich, wie vorteilhaft eine flache Philosophie sein kann, wenn sie von der Religion getragen wird.

[21] Vieles Modernes liest sich wie Barockromane: Man hat noch keinen Sinn dafür, wohin die Reise gehen soll, und jedes dritte Wort muß aus einer Fremdsprache kommen — sonst vergisst sich der Leser noch.

[22] Die Welt ist zu komplex? Vielleicht bist du nur — zu einfältig?

[23] Wittgenstein ist ein tragischer Held, der an seiner Wirklichkeit zugrunde ging; Carnap ein milchbärtiger Knabe, der sich beim Stockkämpfen recht herkulisch vorkommt.

[24] Man soll keine *deus ex machina* verwenden, es sei denn als Parodie — sonst parodiert dich dein Kunstwerk.

[25] Alte Menschen haben mehr Zeit, ihre Irrtümer zu internalisieren.

[26] »Die Letztbegründung ist so obsolet wie die Phlogistontheorie von Georg Ernst Stahl« — ist dieser Satz denn auch *letztbegründet?*

[27] Sie glauben keinen Gott? Sie halten die Philosophie für widerlegt? Sie sind stolz darauf, Naturwissenschaftler zu sein? Oh, was Sie doch abergläubisch sind!

[28] Schreiben ist kein Handwerk — ebenso wenig, wie die Alchemie eines ist.

[29] Jede echte Demokratie müsste auch echte Anarchie sein.

[30] Wer in der Demokratie wirklich herrscht, ist der Durchschnitt, die Mode. Man muß die Menschen genug lieben, um ihnen das Joch der Mode ersparen zu wollen.

[31] Jeder Künstler muß am Abend vor sein Werk treten und sagen: *I love you* — und wenn es ihn nicht mit einem *I love you, too* oder wenigstens ärgerlichem Gebrummel in die Nacht entlässt, kann er's genauso gut in den Papierkorb werfen. Tote sprechen nicht.

[32] Wenn das Glas birst, kommt die Fäulnis in den Keller und frisst alle Vorräte. Schlimmer aber ist es, wenn die bunte Scheibe einer Kathedrale zerspringt und die Gläubigen zu verrotten beginnen.

[33] Die Schönheit spricht aus allen Dingen. Es liegt am Künstler, sie zu uns reden zu machen.

[34] Alle, die bisher meinten, Hegel an der Krone rupfen zu können, reichten noch nicht mal an den Staub unter seinen Füßen.

[35] Städte sind groß an Population und klein an Gedanken.

[36] Viele wünscht man sich bloß aus dem Grabe, um sie eigenhändig wieder unter die Erde zu bringen.

[37] Auch die Aufregung über Lessings schroffe Behandlung des Geheimrates Klotz scheint unbegreiflich: Es ist ein Gebot der Hygiene, Ungeziefer nur mit den Schuhen zu treten. Wer Höflichkeit gegen eine Kröte beweist, bekommt Warzen.

[38] Jeder Meister fiel bisher noch vom Himmel. Wer sich anstrengen muß, zu werden, hört auf, zu sein.

[39] Das Patriachat, der Kapitalismus, ja selbst das generische Maskulinum, sind linke Kampfbegriffe ohne Realitätsbezug.

[40] Kafka, Poe usw. sind eigentlich keine rechten Schriftsteller. Sie enden weder mit einer positiven Moral, noch mit einer negativen (wie in der ersten und maßgeblichen Version der *Great Expectations*). Sie enden einfach schlechthin, wie Sümpfe den Wanderer immer tiefer verschlingen, ohne ihn auf den Grund zu ziehen.

[41] Der Deutschlehrer ist den Schülern, was die Aquädukte den Römern waren. Sie ernähren und vergiften gleichermaßen.

[42] Man kann das Wort modern auch jedes Mal durch falsch ersetzen. So eine *Encyclopédie des arts et des métiers* enthielte noch nicht einmal einen Eintrag zu Demokratie.

[43] »Was zieht das Kaninchen aus seinem Zylinder?« — Frage eines Theologen an einen Empirikus.

[44] Wo ihnen selbst das Totschweigen zu schwer wird, versuchen sie es wenigstens mit orthographischen Anpassungen, Neuinszenierungen, gelehrten Vorwörtern und anderen Formen der Kastration. Selbst Liebhaber von Musik können ihre Meister nur noch ertragen, wenn man sie in ein recht lächerliches Gewand steckt. In Bayreuth ist der Tristan längst nicht mehr die einzige Tragödie.

[45] So? Wir leben im Zeitalter der Information? Ist die Methode denn nicht tausendmal wichtiger, als das Resultat; ja selbst zum Verständnis des Resultates? — Der Flynn-Effekt: Die Menschen sind in dem Grade zu immer abstrakterem Denken fähig, wie sie dümmer werden.

[46] Die Literaturwissenschaftler verneinen die Praktikabilität des Geniekultes und folgern daraus *ex concessis,* der Geniekult sei widerlegt. Das ist ungefähr so, als wenn ein Bauer auf den Gedanken fiele, daß sich Rüben nicht lohnen würden, um dann die Existenz von Radieschen abzustreiten.

[47] Das Zeitalter braucht einen Jakob Böhme, der sich auch auf logische Operationen und Naturwissenschaft versteht.

[48] Expressionismus ist die Weigerung des Malers, sein Handwerk zu erlernen.

[49] Bei Musik schwinden einem die Sinne, man hört selbst das Hören auf; Platon reicht uns die Hand, und unser Geist spiegelt das Bild unendlicher Welten. Gemeinsam musizieren ist inniger als jede Brautnacht.

[50] Der Geschmack meint die Verdauung des Kunstwerks. Wenn einem dort faule Gerüche entgegenschlagen, ist man gewiss, den schlechten Geschmack gefunden zu haben.

[51] Jenseits von Gut und Böse liegt das Böse.

[52] Katholiken sind echte Lutheraner.

[53] Die Tendenz des Zeitalters, Kunstwerke als Ausdruck subjektiver Neigungen zu betrachten, rührt von einer völligen Unkenntnis der europäischen Tradition her. Legt einmal eure Kriminalheftchen beiseite, schlagt die Minna auf, und dann sagt mir ins Gesicht, daß Schönheit im Auge des Betrachters läge.

[54] Helga Kotthoff und Damaris Nübling, *Genderlinguistik. Eine Einführung in Sprache, Gespräch und Geschlecht,* Tübingen, 2018, S. 14: »Röcketragende Männer riskieren sogar den Verlust ihres Geschlechts« — ist das wie beim Daumenlutscher?

[55] Der Stil muß fließen. Was uns am Fluss schöne Gedanken bereitet, wenn er durch Steine verwirrt ins Tal rinnt, das ist dem Stil gerade am abträglichsten.

[56] Ihr lacht über mich armes Mädchen, weil ich Prinzessin werden möchte? Oh, ihr kennt aber auch meinen Vater noch nicht.

[57] Der Sündenfall Evas ist der Freudenfall des Geistes. Warum hat man Moses noch immer nicht im Sinne der feministischen Theorie ausgelegt?

[58] »Ihr könnt alles erreichen, solange ihr an euch glaubt« — Hat man übrigens schon die versteckte Prämisse bemerkt? Wenn ich alles erreichen kann, bin ich selbst daran schuld, nicht alles erreicht zu haben. Widrige Umstände werden einfach hinweggeredet, die absurdesten Erwartungshaltungen projiziert und am Ende sieht man einen Krüppel herauskommen und fragt sich, wie er nur so krumm geworden?

[59] Auf Pronomen folgen Pogrome.

[60] Meine Liebe? — Aber andere würden sagen: »Verschone mich mit deinen dunklen Leidenschaften«

[61] Sloterdijk revolutioniert Heideggers Existentialismus mit Nietzsches psychologischer Eugenik. Das heißt, die Anthropologie aus der Schöpfungsgeschichte zu widerlegen.

[62] Wahre Schönheit kommt von außen. Hässlichkeit ist immer ein Zeichen für Degeneration. Man hat einen verdorbenen Charakter, endlich zeigen sich der gierige Blick und die Zornesfalten. Was für eine Verschwendung, daß Lavater keinen Böhmermann zur Verfügung hatte!

[63] Wie es einen Rassismus ohne Rassen geben kann? — Die moderne Soziologie, eine *déformation professionnelle,* wie sie im Buche steht. Da sitzen wütende Männ- und Weiblein auf ihrem Katheder und versuchen, die ganze Welt durch den Fleischwolf ihrer erbärmlichen Axiologie zu drehen.

[64] Ich verkehre die Dinge nicht, ich stelle sie nur auf die Füße. — Antwort auf eine ungestellte Frage.

[65] Der Künstler muß Abstand zu seinem Werk wahren. Es muß ihm zugleich Dichtung und Wahrheit scheinen. Ist's ihm nur Wahrheit, geht der Ausdruck verloren; ist's ihm nur Dichtung, wie kann er dann noch mit dem nötigen Ernst zu Werke schreiten? Wahre Kunst liegt zwischen den Aposteln und — Flaubert.

[66] Das Athenäum zählt zu jenen Schriften, die uns am längsten narren, aber auch den meisten Genuss gewähren; sowie die Schlehe, schon im Frühjahr erblüht, erst mit dem Frost ihre Früchte gibt.

[67] Man erkennt den Toren an seinen mancherlei Bücklingen und freundlichen Blicken; den Weisen an seiner Boshaftigkeit: Er hat gesehen, was allen verborgen, daß das Volk den Staat regiert und was für eine schmutzige Sache das Volk ist.

[68] Alle Menschen sind ungleich an Rechten. Der Stümper hat kein Recht, zu praktizieren; der Mörder keines, zu morden. Demokratie ist eine Verlotterung des Geistes.

[69] Die Ästhetik verhält sich zur Kunst wie das Auge zur Welt. Man kann ohne es nichts sehen; doch auch ohne Gegenstände bliebe man Blind.

[70] Die Ästhetik meint also den Enthusiasmus, den wir in uns tragen, sobald es um Kunstdinge geht. Dieser Enthusiasmus wird in der neueren Psychologie oft auch Exploration genannt: ständige Gralssuche nach Ideen.

[71] Die Idee ist der Knoten in der Kunst. An dem Zeitpunkt, da sie bloß zur Spielerei wird, zu einem Ausprobieren ohne Tiefgang, hat ihr letzter Herzschlag geschlagen.

[72] Ich will ihnen Nägel in ihre Luftschlösser stecken.

[73] Der Atheismus ist naiver Götterglaube an die Naturwissenschaft.

[74] Der amerikanische Traum ist nichts als Alpdrücken.

[75] Wie abgeschmackt, heute noch einen Kriminalroman zu schreiben — wo jeder schon weiß, was drinstehen muß!

[76] »Immer das Charityprinciple anwenden«, sagte der Philosophieprofessor und schlug *Die Welt als Wille und Vorstellung* auf.

[77] Wittgenstein hat über Logik philosophiert und die Philosophie gelogikt.

[78] Die Weiber wurden nicht aus dem Joch des Anstandes befreit, indem man den Minirock erfand; sie gerieten in das Joch der Mode, als sie sich vom Anstand entfernten.

[79] Mathematik ist angewandte Philosophie.

[80] Sie aber sagen, es wäre nichts Schlimmes an schlechter Kunst? Waren Germain und Gitterman nicht deutlich genug? Hässliche Werke senken die Vitalität eines Volkes. Es braucht noch zwei Generationen Popkultur, um das letzte bisschen Geist aus Europa zu vertreiben.

[81] Kein Mitleid den Mitleidslosen. Wer hebt den ersten Stein gegen Peter Lenk auf? Wer wird sich die Blöße geben, den letzten zu ergreifen? — Schlechte Kunst ist ein Verbrechen wider die Menschlichkeit.

[82] Der Tanz ist die Konversion der Musik. Die Klänge werden wiedergeboren in mir und dir.

[83] Es gibt viele, die wollten's gerne, daß alle Welt auf ihren Namen merke, indem sie sich von aller Welt unterscheiden; doch was sie tun verdirbt. Das Endliche wird umso endlicher, je mehr es distinguiert. Ewig ist nur, wer sich im Ganzen aufgibt.

[84] Sie sagen gern: »Kein Wort zu wenig und kein Wort zu viel« — dabei ist es die Pflicht des Schriftstellers, immer etwas auszusparen, bewusst Rätsel zu streuen und Sphinxen auf die Podeste der Redlichkeit zu stellen. Ein Buch, das sich von selbst erklärt und in dem alles Sagenswerte gesagt wäre, bliebe lieber ungeschrieben. Das gilt für Romane genauso wie für Abhandlungen, für Mitteilungen über's Märchenland und das medizinische Zentralblatt. Sich ganz auszusprechen ist vulgär, sich ganz der Menge hinzugeben Selbstenthauptung.

[85] Die Maschine ist Flucht vor der Realität. Wir verachten die technische Revolution aus dem gleichen Grunde, aus dem Platon in seinem Staat keine Dichter dulden wollte.

[86] Der Islam ist keine Rasse. Er ist — strenggenommen — nicht einmal eine Religion.

[87] Pippin schreibt eine Ästhetik des Filmes. — Eine Ästhetik des Filmes? Vielleicht hat Pippin ja an die Ästhetik des Hässlichen gedacht. Aber des Filmes?

[88] Jeder Dichter muß wie Stefan George sein und jeder Leser wie das Geheime Deutschland. Bücherschränke sind die Altäre und Bücherfreunde die Hohepriester der Literatur.

[89] Heidegger, Nietzsche, Foucault — hier stinkt es nach Dilettantismus.

[90] Man kann keinen Baum kennen, ohne all seine Äste zu betrachten. Wie sollte es da jemand wagen, *eine* Wissenschaft zu studieren? Universalität ist Pflicht.

[91] Wer ein Philosophem ohne Kenntnis der Biochemie schreibt, wer von der Physik handelt, ohne etwas von Ethik zu verstehen, wer Sozialwissenschaft treibt und das Bohr'sche Atommodell nicht kennt: *aut cum scuto aut in scuto,* also *in scuto.*

[92] In der Weise, wie Apel das Gebot der Rationalität beweist, lässt sich auch auf temporaler Ebene ein Imperativ gegen den Suizid formen: Es ist nämlich durchaus möglich, daß ein späteres Argument stärker ist, als das augenblickliche, daher man nach bester Möglichkeit am Leben bleiben sollte.

[93] Du veränderst ständig deine Kleidung, deine Frisur? Du reist gerne? Vor wem fliehst du? Vor dir selbst?

[94] Wenn der Schuh drückt, drückt meistens nur der Zeh.

[95] »Du kannst alles erreichen, was du möchtest« — darf ich auch Mörder werden oder Vergewaltiger?

[96] »Man muß die Erde bewahren, weil wir nur eine davon besitzen« — und wenn wir unendlich viele Welten hätten?

[97] Erratum: »Man muß die Erde für unsere Kinder reinhalten?« — und wenn man sich kollektiv zur Kastration entschlösse? Philosophische Impotenz kann nicht durch die größten wissenschaftlichen Erfolge ausgeglichen werden; der intrinsische Wert einer Sache niemals empirisch belegt, sondern immer nur transzendental bewiesen werden.

[98] Knüttelvers: Alles, was schäbig klingt und nicht von Donkel-Busch ist.

[99] Hass und Hetze sind ihre Wörter für Freiheit und Souveränität.

[100] *Verzärtelt durch Nietzsche.* In der Priorisierung des Individuellen über das Allgemeine liegt eine große Faulheit, die alsbald in einer Pädagogik der Rücksichtnahme ihr Ventil findet. Kein Wunder, daß Nietzsche überall den Soldaten lobt. Er ist sein genaues Gegenteil.

[101] Man darf vor allem den Greisen nicht mit dem Weisen verwechseln. Vom Alter kommt die Einsicht nicht.

[102] Schlechte Schreiber sollte man genauso verfolgen, wie Halsabschneider. Sie sind sittliche Halsabschneider.

[103] Die Pflicht des Dichters ist es, sich bei jeder Wahl für die bessere zu entscheiden.

[104] Sie diktieren die Sprache, weil sie das Denken diktieren möchten.

[105] Muß man sich schon während des Schreibens kritisieren? Schleift der Zimmermann sein Holz, bevor er es zugeschnitten hat?

[106] Die Antithesis zur Entfaltung des dialektischen Denkens ist nicht in Marx' völlig verkehrter Philosophie zu finden, sondern in ihrer Verschmelzung mit Schopenhauer: — Eduard von Hartmann. Der Geist ist sich ihrer nur noch nicht bewußt geworden. Er hat sie angeteasert. Wer sich Lorbeeren in Philosophie oder Wissenschaft erstreiten möchte, wird auf ihn zurückgreifen müssen. — Wie viele große Aufgaben uns noch bevorstehen! — Was für eine Zeit zu leben!

[107] Russells *Probleme der Philosophie* enthält keine Philosophie. Mir scheint, das ist das Problem.

[108] Ich bin nicht homophob. Ich habe keine Angst vor Schwuchteln.

[109] Die Nationalsozialisten haben mit der Beschneidung der freien Rede angefangen. Aber sie tun so, als wären Worte Zaubersprüche, wo jede falsche Silbe einen Geist, jedes falsche Wort einen Todesfluch heraufbeschwört. Wer ernsthaft meint, daß auf Worte zwangsweise Taten folgen, als gäbe es eine mystische Mechanik zwischen Sein und Sprache, hat doch nicht ganz bei der Widerlegung der Sapir-Whorf-Hypothese zugesehen.

[110] Ist es eine große Einsicht, festzustellen, daß Nationalsozialisten Sozialisten waren?

[111] Sie immigrieren die Faschisten und bekämpfen den Faschismus der Rechtschaffenen. Poppers Paradox der Toleranz wird auch nur gegen die eigene Bevölkerung angeführt, nicht gegen die tatsächlichen Täter.

[112] Nährt, was euch kaputt macht. Hass ist überhaupt eine höhere Form der Liebe. Die Liebe zum Absoluten, die niemand ohne Widerspruch verneinen kann: Es wird so und so geschehen.

[113] Über die Wahrheit lässt sich nicht abstimmen. — Zerfleischung der Demokraten.

[114] Klopstock ist *auch* eine Schlagwaffe. Gibt es eine knorrigere Gerte, als den Messias? — Vergeistigter Holzklotz.

[115] Stolz worauf? Deine Sexualität ist keine Leistung.

[116] Meine Hautfarbe ist nicht dein Stuhlgang.

[117] Die reine Datenwissenschaft gleicht dem reinen Nichts. Suchen ohne feste Kategorien heißt alles finden. Big Data ohne Regularien ist Irrsinn.

[118] Absolute Synonymität ist absolute Identität. Was nicht von etwas, wie gering auch immer, unterschieden werden kann, ist gleich; ist eins.

[119] Veganer kommen in den Himmel; Vegetarier in die SS.

[120] Harry Potter ist, was der älteren Generation Winnetou war: Eine Jugendsünde, auf die man gerne zurückblickt.

[121] Ihre Postwachstumsgesellschaft ist meistens nur ein schlecht verkleideter Kommunismus.

[122] Marx fand seinen Klassenkampf in der *Phänomenologie des Geistes.* In der Phänomenologie des G e i s t e s.

[123] Wenn Regen die Tränen Gottes sind, ist Schnee dann sein Ejakulat?

[124] Ich erkenne nur eine Philosophie als die einzig rechtmäßige an: Von der Faust ins Gesicht.

[125] Abtreibung hat ebenso wenig etwas mit Emanzipation zu tun, wie Ehrenmorde mit Religionsfreiheit.

[126] Freigeister, Hipster, Antihegelianer. Zu fei$\frac{ge}{n}$, um sich die Hände schmutzig zu machen.

[127] Patriotismus heißt nicht, sein Land für das zu lieben, was es ist, sondern für das, was es sein könnte.

[128] »Ach«, so seufzt der Schwärmende, »sollten wir nicht alle Musik ab dem 20. Jahrhundert ungeschehen machen? Der Auftritt der Maschine übertönt jedes Zirpen der Mücken am See und lange ist es her, daß mich eine Melodie gestochen«

[129] Ohne Regel kein Spiel.

[130] Man kann nicht vernünftiger sein, als die Vernunft.

[131] Wer anderen Schuld einredet, sollte sich schämen.

[132] Den, der dir vorschreiben möchte, wie du über ihn zu reden hast, darfst du getrost einen Lump nennen.

[133] Sie denken, mit Gott hätten sie auch die Sünde aus der Welt geschafft.

[134] Wer frei von Hass lebt, lebt ohne Liebe.

Apophthegmata Patrum

1. **D**er HERR war niemals der Geist über dem Wasser˙ oder das Waschweib, das eitle Weisheiten an die Pharisäer verteilte. Der HERR ruhte einst in sich selbst, wie das Meer über dem Grund† * 1. MOS 1: 2 † JON 1:4

2. und wusste nicht Gegenwart, noch Zukunft, denn alle Zeiten waren in ihm. Und dachte sich Gestalten, kleine Fetzen seiner Größe, und wurden die Götzen aller Völker daraus: Denn Denken, das ist bei GOTT ein Tun. Die Götter aber, oder Nephilim, hatten im Anfang keine Gestalt, sondern erschienen gerade so, wie es ihnen für den Augenblick einfiel.

3. **D**a wurden die schwächsten unter ihnen träge und fest, wie ein Gedanke fest wird, wenn man ihn zu Ende denkt und aus den Erstarrten machten die Götter eine Feste, als Wohnung für den Menschen. Dem Menschen aber erschienen sie in den Trachten ihres Landes; darum auch ist es, daß die Ägypter, die Babylonier und alle Völker andere Götter haben. So lebten sie zusammen mit allen Völkern und lehrten sie, wie man bestelle das Feld und alle Handwerke.

4. **D**a wurden die Menschen schlecht und verbrannten keine Opfer mehr und frevelten und die Götter verließen ihre Tempel und versammelten sich auf Bergen und Höhen.

5. **W**ie aber niemand ganz böse sein kann, kamen nun im zweiten Weltalter die Menschen in verlassene Stätten und erniedrigten sich. Den Auserwählten jedoch erschienen die Götter oder rieten ihnen, als eine Stimme über den Himmeln, und man hieß sie Propheten, weil sie Kunde bekamen von GOTT außerhalb allen Dingen. Ungleich aber ist die Gabe unter den Menschen. Ein Kind hört das Schnurren seiner Katze durch drei Mauern und der Großvater sitzt auf einem Stuhle daneben und merkt nichts.

6. **S**o weissagte auch Blake die Hochzeit von Gut und Böse. Böse dünkte ihm die Kraft des Leibes, gut aber war, was vom Verstande kam; doch hatte er gehört, wie ein Greis hört,

7. denn das Böse, das ist ein lähmender Gedanke. GOTT aber hasst die, so seinen Gedanken lähmen. Raubtiere möchte er der Tugend und Bestien an Vernunft. Fragt nämlich einer, welches besser sei, der Verstand oder der Leib, so hat er schon mit dem Verstande gefragt, und also erscheint ihm Erkenntnis höher als der Leib.

8. **S**o deuchte es Corvinus, dem Einsiedler, der über sieben Monate in einer Eiswüste lebte, wovon der Spruch kommt: Der Mensch muß härter werden, nur so gelangt er zur Kultur. Sintemal erwuchs ihm ein reicher Strauch und pflückte herab die Trauben und wie er sie presste zwischen seinen Fingern, siehe, da waren sie schon gegoren und trank den Wein der Weisheit. Als er jedoch den Becher an seine Lippen führte, durchfuhr ihn Wärme und warf seinen Mantel ins Eismeer und freute sich.

9. **D**a schrieb er eitel, was er in seinem Busen getragen und schrieb 134 Sprüche. Als er jedoch innehielt, erschien ihm ein Engel und sprach: Wie unsinnig, du hast dein Herz angeritzt, nun schreibst du mit deinem Blute. Ich will dir aber andere Gesichte zeigen und sprechen von denen, so vor dir kamen und in Wüsten wohnten und es soll ein Pflaster sein für deine Wunde.

10. **E**s wird dir scheinen wie ein wildes Töpferrad und der Traum eines Wahnsinnigen. Aber das ist, was die Menschen am meisten an Gott fürchten macht: Seine Späße; sein Jauchzen, das zu fröhlich ist für das Ohr des Menschen; seine Barmherzigkeit, die tötet; sein Zorn, der vergibt. Schaue die Gesichte, die ich dir zeigen will, und schreibe nieder, was du geschaut hast.

1. Bartholomäus saß an einem Dattelbaum und machte Stifte die Menge, also, daß ein ansehnlicher Haufen zu seinen Füßen lag. Da kam ein Bruder mit einem Krug Wasser zu ihm und setzte sich und fragte: »Bartholomäus, wie viele Stifte willst du noch schnitzen, bevor du dir Tinte anrührst?«

Bartholomäus aber schnitt weiter an seinen Federn und sagte: »Wenn du nicht weißt, was ich geschrieben habe, so lese nur noch einmal von vorn. Die Welt ist mit mehr als einer Griffel gezeichnet«

2. Mit schönem Gesicht und Krallenhänden, mit scharfen Zähnen und Seetang im Haar steht die Nereide vor uns, die Wahrheit.

3. Der Weise grub mit seinem Stab in der Erde, ein einsamer Falke über dem Wald; viel später setzte er sich aufrecht hin, richtete seine Hutkrempe, blinzelte in das rotgewordene Sonnenlicht und sagte: »Nein, ich kann euch nicht sagen, wie man gut zu leben habe«

Der Wald schien in diesem Moment, wie um dem Alten Zeit zu verschaffen, alle seine Geschäfte erledigen zu wollen. Das Eichhörnchen huschte von Tanne zu Tanne, der Specht hämmerte sich den Schnabel krumm; endlich mischte sich auch der Wind in das heitre Getümmel und peitschte die Wolken übers Himmelszelt.

»Seht, ich kann euch sagen, wie man gut handelt. Ich kann euch die Siebe geben, mit denen ihr jede Tat nach Gut und Böse sieben könnt«, er zupfte an seinem Bart. »Würde euch das nicht genügen?«

4. Bruder Ammon las etwas Sand vom Boden auf. »Hier«, sagte er, »habe ich den modernen Menschen. Eines gleicht dem anderen und es sind viel zu viele«

5. Weil ihr von der Liebe GOTTES sprecht, hasst euch der HERR. Weil ihr eure Schlangen in den Brunnen warfet, hat der Himmel seine Hand von euch genommen.

Freiheit, das dünkt euch, nach eurem Gelüst zu handeln. Das aber ist nicht das Wort GOTTES, der verkündete: Freiheit ist der Wille, sich an das Gesetz zu halten, und nicht zu tun, wonach es euch verlanget.

Denn siehe, eine Schlange ist das Gelüst und ein schlechter Rat. Sie schmiegt sich des Nachts an dein Kissen und spricht: Töricht, der nicht tut, wonach ihm gelüstet, seines nächsten Weib. Es gibt kein Gut und Böse, es gibt nur ein Anderes. Was ist richtig, was ist falsch? Sind nicht die Bräuche aller Zeiten verschieden und was sich ziemt in einem Weltalter, ziemt sich wiederum nicht im nächsten? Ich weiß einen Mörder, der mit blutiger Schneide durch die Straßen zieht.

Sicher werdet ihr sagen: So ist er ein Soldat, der tötete im Namen seines Obern. Ich aber sage: Es ist kein Soldat, der mit blutiger Schneide durch die Straßen zieht.

Nun, also scheint's euch, als ob er ein Bettler wäre, der stiehlt für sein täglich Brot. Und itzt stahl er ein Leben, um nicht zu verhungern. Ich aber sage: Es ist kein Bettler, der mit blutiger Schneide durch die Straßen zieht.

Nicht so? werdet ihr dann sprechen. Also muß es ein Wahnsinniger sein, der gehöret in den Turm, daß er nicht mehr färbe die Klinge mit rotem Blut.

Ich aber sage: Er ist weder ein Soldat, noch ein Bettler, noch ein Wahnsinniger, der mit blutiger Schneide durch die Straßen zieht. Es ist der Andre; denn der Andre, das ist einer, der alles anders machet, als die übrigen.

Sind nicht alle Menschen frei in Christo? Wie aber könnt ihr ja zu eurer Freiheit sagen, und dem andren seine Freiheit verneinen?

Ihr habt in den Apfel der Erkenntnis gebissen und fandet ihn madig. Aber ihr müsst auch die Würmer mitessen, wenn ihr vollends erkennen wollt. Es gibt kein Gut und Böse, es gibt nur ein Anderes, so spricht die Schlange.

Der HERR aber saget, dies Andere, das ist das Böse; darum spricht auch Johannes in seiner Rede an die Sadduzäer, MT. 3: 7: Ihr Otterngezüchte, wer hat denn euch gewiesen, daß ihr dem künftigen Zorn entrinnen werdet?

Und Paulus sagt RÖM 1: 32: Sie wissen Gottes Gerechtigkeit, daß, die solches tun, des Todes würdig sind.

Doch ihr werdet innehalten und gemahnen an das Gebot. Seid ihr die Ohren für den Mund GOTTES?

Liebe deinen nächsten, wie dich selbst. Habt ihr euch schon gefraget: Wer kommt uns am nächsten? Wer kommt dem Heiland am nächsten?

Viele reden von der Liebe des HERRN, und achten nicht seines Hasses. Viele sprechen von der Erhabenheit des Adlers und schweigen doch über seine erhabenste Tat: In hohem Fluge Schlangen zu zerreißen.

6. Der Sänger Erist von Samos saß mit einigen Brüdern im Zelt. Als man nun daran ging, Wein aufzutragen, schüttelte er bloß den Kopf und sagte: »Der Dichter soll vom Wasser und nicht vom Weine trinken. Sein Rausch sei immer ein Rauschen von Gefühl. Dazu braucht es aber einen kühlen Kopf«

7. Der Zurückgekehrte Sohn, das ist ihr scheußlich Abendgebet und mancher, der in vollem Eifer der Jugend über sie hereingebrochen wäre, hielt inne und also zogen sie ihm die Narrenkappe über.

Oh, ihr Feiglinge; ihr wisst, daß ihr uns bei vollem Verstande nicht kriegen könnt, und also harrt ihr verborgen im Dunkeln.

Oh, ihr Narren; schleicht wohl um unsre Throne der Jugend; aber wisset, daß wir euren Atem hören, wisset daß auch wir bereit sind. Als Bären legen wir uns nieder; im Winterschlaf lauschen wir dem Klang der Herde; als Raubkatzen fallen wir über euch her. Keiner, der sich der Gerichtsbarkeit unsrer Thinge entzöge; kein Dolch, den eine Wölbung des Mantels unsrem Blick entrückte, kein Dunkel, keine Verborgenheit, die wir nicht ausfänden; kein Überläufer, dem wir seinen Verrat nicht an der Stirne abläsen.

Und ihr sitzt noch und wartet auf Alter und Gebrechlichkeit, während wir unsre Speere schnitzen.

8. Der Teufel hat die drei Religionen gemacht, welche heißen Judentum, Christentum und Islam und auf jede verwendete er nicht länger als zwei Tage. Am sechsten Tag aber gelüstete es ihm nach Ruhe und sandte nach Urian, seinem treusten Diener. Als dieser gekommen war und die Ziegenfüße seines Gebieters zur Genüge geküsst hatte, trug der Böse ihm auf, noch eine Religion zu erfinden.

»Sechs mal sechs Abendröten habe ich durchwacht«, sagte der Teufel, »und die Welt zu sechs Welten gespalten. Aber wir wollen dem HERRN auch nicht in einem Teile nachstehen. Mache mir eine vierte Religion und der Allmächtige soll mit seiner eigenen Zahl geschlagen sein, gleichwie wir Dämonen mit unserem Zeichen gebunden sind« und man vernahm alsdann ein teuflisches Geschnarche.

Der Höllenknecht begab sich unter die Erdlinge und versuchte verzweifelt, es seinem Meister gleichzutun. Er hörte in die Herzen der Menschen, besah sich ihrer Ängste und wann immer er eines fand, das ihn erschaudern ließ, nahm er's den Menschen von der Seele und walkte einen Klumpen daraus. Noch am Ende des nämlichen Tages trat er an das Lager des Teufels und weckte ihn aus seinem Schlummer.

»Seht Meister«, sprach er, »mit welchen Gaben ich wiederkehre. Ihr habt den Menschen den Tod, ja Euch selber, den Teufel, fürchten lassen. Ihr gabt ihn den Heiland am Kreuze, schwatztet vom Sündenfall und — kurz: spottetet dem Schöpfer, wo es nur anging.

Ich aber stieg tiefer hinab in seine Seele und fand die Furcht vor dem Nichts. Bodhi heißen das die Erdensöhne, nach ihrem geringern Sinn. Sadhu nennt man ihre Heilige«

Als der Teufel jedoch die neue Religion genauer betrachtete, wich er zurück wie vor Weihwasser: »Da muß die Jungfrau ihre Finger im Spiele gehabt haben! Hinfort, scherrt Euch in den Himmel oder wo sonst Gesindel haust!«

Und Urian wurde aus der Verbannung verbannt. Das war ein Fall! Vom Himmel zur Hölle und wieder zurück. Sowie er einstmals selbst Harlekin und dann Leuteschinder gewesen ist, vollzog er nun endlich den Wandel vom Löwen zum Kinde.

9. Viele schreiben vieles und viel Geschriebenes liegt mir schwer im Magen. Oh Dichter, ich weiß, du fühlst es, du willst mir deine ganze Seele zeigen, das Schimmertuch einem Tänzer gleich in immer schnelleren Drehungen um dich und um mich schlingen? aber dein Atem ist zu schwach für diese Aufgabe; dein Fuß nicht fest genug für den Veitstanz der Tänze? So beiße dich fest, packe deine Geschichte am Ohr und am Hals, und an allem, das du zu fassen kriegst, und lasse nicht ab.

Folge nicht denen, die viel schreiben, und viele blasse Flammen in die Nacht spucken. Ich will, daß selbst das kleinste Werk das Universum spiegelt. Drei Wörter sollen dich unsterblich machen.

Ich will, daß du dich mit deiner Schrift verwandelst. Schreibe nichts mehr, bis du ein Schmetterling worden bist.

Du sollst nicht kleine Feuer entzünden und lustig am Felsen rütteln. Wenn du zerstören willst, zerreiße nichts weniger als das Himmelszelt.

Wenn du töten willst, dann töte nichts weniger, als das Leben selbst; wenn du lieben willst, dann soll deine Liebe auf großen Schwingen kommen; deine Schlangen sollen das Meer und dein Gefieder die Lüfte liebkosen. Von deinem Federschlag sollen sich die Wellen bäumen und zittern und unter Ächzen die ältesten Eichen brechen.

10. Der HERR hat euch Hörner gegeben, damit ihr nicht mit der Herde weiden müsst, wie das Schaf.

11. Vielerlei Volk sah ich sich unter der Sonne krümmen und sprach mit ihm und bot meine Hilfe an, also, daß ich mit vielerlei Volk Bekanntschaft schloss. Einer unter ihnen war mir der Ärgste. Es war ein Bauer von nicht vielen Jahren, er kleidete sich mit Ringen und feinen Stoffen und sprach zu mir: »Wehe, mein Vater hatte nicht viel zu schaffen für sein Brot. Seine Kinder aber müssen gleich dreimal so viel Kühe und dreimal so viel Schweine und dreimal so viel Land haben, daß ihnen auch nur ein Drittel der Annehmlichkeiten zuteilwird, als sie ihr Vater gehabt hat«

Ich will euch den Namen des Mannes sagen und auch den Namen seines Hundes, denn Gefallsucht war sein Name und Gier der seines Hundes. Als aber Gefallsucht solche Reden im Munde führte und ich auch seinen Hund erraten hatte, wandte ich mich an ihn und sagte: »Wehe, Gefallsucht, was ist das für ein Köter, den du dort am Baume gebunden? Ich sehe, er gibt wenig acht auf dein Land«

Er antwortete: »Ihr irrt Euch, Herr, das Tier erwies sich mir nützlich in allerlei Diensten. Es vertreibt Krämer und auch meine Schweine fürchten sich vor seinem Zahn —«

»Es ist ein hohler Zahn, Bruder. Kühe und Schweine mögen wohl von einem Hund behütet werden, wer aber behütet dich vor deinem

Hunde? Wahrlich, noch viel merkwürdigeres Getier führst du auf deinen Ländern: Ich sehe Perlen an deinem Armreif und feine Seide. Sprich mir also nicht so töricht von deines Vaters Vermächtnis. Man überließ dir die Welt und das ist wahrlich Ort genug. Man überließ dir Armut, und wer, unter den geringsten meiner Brüder, wählte nicht lieber Armut als Reichzage?«

12. Der Teufel schuf die drei Religionen und beim Islam gab er sich die geringste Mühe. — Apostasie ist der erste Schritt in Richtung Gotteserkenntnis.

13. Ein Bruder hatte einmal viel Spaß mit Erist, dem Sänger, und ging zu ihm und spottete, daß er keinen Wein tränke, wo er doch so vorzügliche Lieder über Amor und die Dionysien mache. »Du trinkst«, sagte Erist, »damit dir mein Gedicht gefällt. Ich bleibe nüchtern, damit es mir gelingt«

14. Bist du ein Stier mit starkem Nacken, der jedes Böcklein von sich stößt? So preise den HERRN. Dein Übermut ist eine Wollust des Himmels.

  Bist du schwach und bettlägrig, aber doch ein Löwe an Willen? Preise den HERRN, denn er gab dir ein schweres Los. Nur wen er mit seiner besonderen Liebe zeichnet, gibt er ein schweres Los.

  Denn siehe, der HERR schleifte eine Bestie in das Herz des Menschen, damit er zum Raubtier werde, und nur die, so schwach am Geiste sind, haben ein Schlaflied gesungen ihrer Bestie und sie gezähmt mit Peitschenhieben, wie die Tanzbären der Gaukler. Das aber verdross den HERRN und er formte einen Leib aus den Knochen Henochs, dem Sohne Kains, Adams Sohn. Und pflückte herab die spitzesten Steine vom Berge Zion und brach ihm die Glieder, daß man es hörte krachen bis in die Ruinen Ägyptens und begoss ihn mit dem Blute Liliths, der Hexe. Da schlug der späte Mensch die Augen auf und krümmte den Mund und rief: »Oh HERR, nimm mich von dieser Welt. Mein Dasein ist eine offene Wunde!«

Der HERR aber erblickte ihn lieblich und sprach: Ich habe dich zerstampft mit den Steinen vom Berge Zion und dir das Blut gegeben von Lilith, der Hexe. Und es ist wahr, dein Leib brennt gleich den ewigen Feuern der Priestertempel.

Aber, wie hoch erhob ich dich damit über alle Sterblichen. Machte ich dich nicht fühlen, wie ich fühle? Schabte ich dir nicht das Fell ab, mit dem sich die Erdensöhne gegen die Wirklichkeit schützen, wie ein Bär gegen den Winter?

Du sollst den Menschen von nun an scheinen, wie ein Stern überm Himmelszelt. Du sollst ihnen die Strahlen hinabwerfen, die sie zu mir heraufholen. Dein Leid sei ihnen eine Kunde des Himmels. Sowie Jesu am Kreuz gestorben, sterbe du an deinem Leib, und das Haus Simsons schwebe mit all seinen Philistern über dir und verkünde ihnen eine neue Freude. Eine Freude durch das Leiden.

15. Es ist so viel Raserei und Tobsucht darinnen: Das Volk setzte die Ichflüchtigen auf den Thron Erziehung mit seinen zwei schwarzen Raben. Die Krähen aber schrien und schüttelten das Gefieder, bis endlich auch der Wolf erwachte und unruhig mit seiner Kette rasselte unter ihren Reden.

»Aus Nicht-Du wird immer auch Nicht-Ich«, so sprachen sie in schrecklichem Krächzen, »jetzt muß sich der Mensch selbst im dunklen Abgrund erziehen, Gräben und Gänge hebt er aus, wo der Dunst über seinem Haupte wabert und Opfer fordert wie die Pest«

»Uns töteten sie, die klügsten Tiere, als das letzte Mal der schwarze Tod getobt«, sagte der andre Rabe, »aber keine Krankheit wütet schlimmer als eine, die Nestlinge befällt«

Und so ließen sie in ihrem Groll dem Hund keine Ruhe und auch die künftigen Königsgeschlechter merkten es bald: daß ihr Thron wackle und walle.

16. Wie es mit dem Teufel weiterging, fragt ihr? Oh, wenn ich ihn besuche hat er stets alle Hände voll zu tun; neulich erst sprach ich vor, da war er mit einem Kästchen zugange.

Sowie er mich ankommen hörte, versteckte er's hinter den Ofen. Vergebens. Ich nahm mein Kreuz vom Gürtel und sagte, ich wolle ihn schon in den tiefsten Höllenschlund treiben, wenn er mir nicht zeigte, was er eben noch in der Hand gehabt. Ich sprach sehr ernstlich, darum ward meine Bitte sogleich gewährt.

Es handelte sich um eine Kiste, wie ich schon beim Eintreten bemerkt hatte; etwa von der Art Kisten, in die gewöhnlich Pralinen gefüllt werden, nur war etwas weniger appetitliches darinne.

Ein kleiner Mann äugte mich böse an. Er hatte einen so gewaltigen Schnurrbart, daß er ihn sich leicht in der Tür einklemmen konnte. Außerdem hielt er eine große Feder in der Rechten, mit der er mich wie mit einem Schwert in die Nase stach. »Pfui!«, rief ich und machte den Deckel zu.

»Sagt, was wollt Ihr mit dem Männlein? Ich dachte, Ihr hättet Euch ganz auf die Religionen eingeschossen...«

»Oh«, der Teufel rieb sich verlegen die Hände, »es ist ein — ein Philosoph«

Ich lachte den Höllenfürsten herzlich aus: »Wisst Ihr denn nicht, daß das Grübeln immer der Tod allen Bösen ist? Man mag die Neigung haben, jemanden mit einer Lanze zu stechen«, und hier fasste ich mir an die Nase, »sinnt man jedoch darüber nach, so wird man finden, daß man es zwar tun, wohl aber niemals wollen kann«

Der Teufel gab abermals ein komisches Bild ab. Den Schwanz zwischen die Beine gedrückt, sah er wie ein Hund aus, der die Prügel seines Herren fürchtet. »Seid mir nicht böse«, sprach er, »aber der hier denkt nicht«

»Fahrt zu Teufeln! Ihr habt Euch selbst übertroffen!

Aurora oder Morgenröte im Aufgang

I and this Mystery, here we stand.
—Whitman

1.

Im silbernen Nebel
Erblicktest du mich,
Gingst mit mir
Nach Nastrand und Gjöll,
Schwammen wir
Durch schmutzige Seen
Und wurden heilig
Im faulen Gewässer.

Die Morgenröte glitzert auf den Bächen;
Wir satteln die Pferde und ziehen weiter.

2.

Lachst du, so sitze ich bei dir
Und bin der Grund des Lachens;
Die wonnige Melodie des Lachens.
Das Kissen bin ich,
Das du dir vor das Gesicht hältst,
Daß niemand deine Falten sähe.

Ich bin das Fältchen,
Ich schaue jeden Tag in den Spiegel und weiß, ich bin schön;
Ich bin der Raum, der dein Lachen bei beiden Händen packt,
Es hinauszieht zu neuen Morgen, die in ihrer Reihe stehen,
Und die Akrobaten durch ihre Spinnenbeine laufen lassen.

Jeder jauchzt und jodelt, so die Gelegenheit,
Die Einäugige, ihm leichtfertig zuzwinkert.

Ich bin der Boden, den der fliegende Rock frech streift,
Ich berühre ihn mit meinen Fingerspitzen und entzücke mich.

Nichts bin ich von alledem.
Ich laufe an deinem Haus vorbei,
Höre das Lachen, und denke mir viel!

3.
Meine Füße schwinden.
Der Boden,
Das Gelächter,
Sein Tanzpartner
Und alles!

4.
Ich zerfließe mit dem Regen.
Der Tag bricht an und ich,
Ich zerbreche.
Meine Trümmer schwirren wie Mücken
Durch die Abendsonne,
Unnennbare Zeichen
Lernte so hangend
Der Ase,
Ritzte die Runen
Der wartende Wegtam,
Als Wandrer er heuer
Die Straßen durchflieht.

Ich bin das Ende aller Straßen
Denn
Ich bin ein Stein von allen Straßen.
Ich bin der Anfang aller Straßen
Und ihre Wirrnis
Und schmachten Schiebergassen,
Wovon kein Entrinnen ist.
Verlocke den Jäger
Zu mächtigen Sprüngen,
Blickt auf in der Wildnis
Und kennt nicht Blatt
Noch Borke
Des fremden Gezüchts,
Also verlief Njörd sich
Im Wald seiner Skadi
Und half kein Rufen
Und half kein Flehen,
Die Wellen erhörten ihn nicht
Und Meere schliefen
Und also auch
Glitzert der Staub
Wie Gischt
Auf meinem Haupte,
Das jeder tritt
Mit eilendem Fuß.

Lustig sind unsre Feste.
Wir trinken Freude
Und gießen
Gelächter in jeglichen Becher.

Die Asen führen im Munde,
Wir, deren Atem
In unserem Atem schwingt;
Wir, deren Blut belebet
Der muntere Wein.
Starb lachend Kvasir,
Der Kluge
Und paarweis verschwinden
Die Trauten droben,
Wo Heuschober doch
Die niedlichsten Betten sind
Und Arme von seinem Geliebten.

5.
Ich wechsle den Leib, wie andre ihr Kleid wechseln.
Was ist der Leib mehr, als ein Kleid?
Selbst der Tod ist nur eine Hülle, ein neues Gewand;
Froschgrüner Mantel mit weitem Schnitt,
Wachsen dem Menschen Schwingen.
Geselliges Madenleben auf der Erde,
Flügel schlagen aus dem Grab;
Der Sarg ein Kokon.

6.
Seide kommt von toten Schmetterlingen,
Und Bücher sind frisch geerntete Seelen.

Oh, ein Wort niederzuschreiben und unsterblich zu werden;
Oh, sein Leben lang schweigen und in aller Munde sein.
Der Stumme wird nicht minder gehört, wie der Blinde gesehen wird,

Der Blöde schreibt nicht weniger interessante Romane als das Genie;
Bibliotheken voller Gesichter
Und erst die Bücher, in denen die Bibliotheken stehen!

Ich liebe die Männer des Wortes
Und die Männer der Stille —
Ihre Pamphlete lese ich am liebsten.
Ein Wort ist kein Wort, schweigen sprechen,
Der Einkaufszettel das schönste Gedicht.

7.
Ich bin die Mutter, die aufwacht und nach ihrem Kind sieht,
Ich schreie aus seinem Mund,
Mit ihrem Arm vertröste ich mich auf eine Weile.
Ich freue mich nicht mit der Mutter und dem Kind,
Denn sie sind meine Freude.

Als Vater stehe ich krummbeinig
Und speie durch die Lücke zwischen Pfeife und Mund.
Als Sohn schaue ich von meinem Fischernetz auf
Und die Stärke des Vaters schwillt meine Brust.
Ich sitze mit ihm am Tisch;
Bein stößt an Bein, Gedanke an Gedanke.

Jetzt bin ich der Greis, der bei alten Kameraden weilt,
Alte Geschichten tauscht
Und in sein altes Taschentuch lacht und weint.
Ich ermutige ihn zum Lachen und Weinen.

Das junge Mädchen mit den Stiefeln,

Mein Haar wallt und walkt lustiger als jeder Webstuhl.
In seinem Spinnennetz fange ich manchen irritierten Blick,
Der von den Schuhen hinauf rennt
Und zu den Schultern hinab rennt
Und bei den Narben verschnauft.

Das Buhen und Schreien, die Verwirrtheit, all die ulkigen Gesellen,
Die sich an ihre Sohlen klammern, lamentieren und kreischen.
Sie kommt nach Hause und stellt ihre Schuhe ab:
Ich bin der Fußabtreter, der sie in Empfang nimmt.

Die Prinzessin, der Eskimo, Bettler, Fuhrmann, Ketzer.
Mörder, Heiliger, Ritter, Mönch,
Kameltreiber, Krautschneider, Koch,
Höfling, Hure, Schmied;
Der Liebhaber, der erwartet seine Liebste,
Der Verurteilte, der erwartet den Strick:
Seine Freude ist nicht geringer, als die des Liebhabers;
Fallensteller, Arzt und Soldat.

Der Metzger schlachtet das Schwein
Und also morde ich mich;
Durch mein Fleisch genährt
Stehe ich dann
Von den Toten auf.
Trinkt das Blut des Heilandes,
Esst von seinem Leibe!
Nicht allein der Pfaffen Brot
Enthält den Herrlichen ganz.

Eine Biene fliege ich, verwunde den biederen Ochsen;
Im Tode noch schmerzt mich sein Schmerz.

8.
Selbst das Bewusstsein der Pflanzen ist gewaltig;
Ich strebe nach allen Richtungen zur Sonne.
Wird der Wind mich brechen?
Wird die Frucht gedeihen?
Wie herrlich scheint mir meine Abkunft;
Der jüngste von uns birgt noch in sich
Den Samen der ältesten Alten;
Als Gott das Wort auswarf,
Das überall keimte im Nichts,
Und Gebirge setzte,
Wie ein Gärtner Schnittlauch setzt;
Und sie bemalte mit Lehm und Asche,
Jedes nach seiner Art.

Mit wehendem Bart raffe ich
Die Berge zusammen
Und Flüsse und Seen.
Das Meer ist kein Abgrund,
Die Wüste nicht sengende Hitze,
Das All nicht unendlich und leer.
Freudentränen fielen
Von meinen verschwielten Händen,
Darum ist auch die See gesalzen.

Mit jedem Gelächter entstand ein Sandkorn.
Wie viele Tiere und Pflanzen findest du auf der Erde,

Wie viele Steine und Farnkraut und Ginster
Und Pappeln und Eichen und Erlen?
Wie viel mehr Sand ist dagegen in der Wüste,
Wie viel mehr Schönheit in der Stille? —
Die Ewigkeit ist kürzer als dein kleiner Finger,
Der bestirnte Himmel eine Locke,
Die sich aus meinem Pferdeschwanz gelöst hat.
Gibt es etwas kleineres als den Kosmos?
Oh, liebe runde Welt, Spielball in Gottes Händen,
Oh, süßes Universum, geliebtes Nähkästchen;
Die Planeten sind nur Stecknadelköpfe
Im Gegensatz zur Ameise
Und Grillenzirpen in Sommernächten.

Sage ich, wo ich du sage;
Ein Spielplatz für Gestaltenwechsler,
Millionen Menschen in einem Menschen
Und ein Mensch in Millionen.
Wie sich die Sterne drehen und wenden,
Nicken wir in süßem Schlummer,
Wo Galaxien entstehen
Und Planeten bersten,
Stolpern wir über uns selbst;
Die Welt ist nur ein Traum,
Von einem Wesen geträumt.
Jedes Auslöschen ein Aufflammen,
Jedes Sterben eine Geburt,
Jeder Misston ein Akkord
In der bläulich goldnen Harmonie.

Lauscht auf meine Gedanken,
Es sind die Gedanken eines Veilchens.

9.
Ich bin Trauer.
Ich erscheine wie Nebel,
Verschleire alle Gedanken;
Schwarz ist meine Tracht.
Kaskadengleich schlängelt sich
Der vernichtende Rauch
Aus meinen hundert Mündern.
Meine Arme bringen Zerstörung:
Shiva Kirtimukha.

Habe zu sprechen gelernt
Und schon verfluchte ich,
Seiðr lernten mich
Und Zauber
Die alten Weiblein
Und schon im Bunde
Mit Tod und Teufel
Mordeten wir
Geheiligte Jungfraun
Und sprenkelten Blut
Auf ihre Altäre.
Geschändet Gebein.
Wühlten so wütig
Blutrote Seen
Vom Strom in das Land;
Hängen Leichen

An der Wäscheleine,
Bleicht Haut
Zu weißem Leinen.

10.
Brüder töten Brüder:
Das ist im Himmel
Der neueste Scherz.

Bringt den Engeln einen Mörder
Mit der Leiche seines Freundes
Und sie werden sich krümmen vor Lachen
Und rufen: »Seid ihr nicht beide ein Teil des Absoluten?«

11.
»Heilung!«,
Ruft der Sterbende.
Ich halte ihm die Hand und rufe zurück:
»Auch Heilung bin ich«
Jetzt weiß ich nicht mehr,
Bin ich Sterbende oder der andere?
Wer ist der andere?

12.
Wir alle zerlaufen zu Einem.
Alles zerläuft zu Einem,
Das Universum zerfällt
In diesem Zentrum.

Für einen Moment fühle ich alle Freude, alles Leid,

Jedes Gefühl, das die Menschen jemals gefühlt.

13.
Und jetzt?
Ich bin nicht klüger als du.
Alles, was ich sage, wohnt dir im Busen.

14.
Meine Gedanken sind deine Gedanken,
Uns beide trennt nicht mehr, als ein Leinentuch.
Mein Geist dringt in das Universum, wie der Fluss durchs Gebirge;
Wir sind ebenso wenig voneinander unterschieden,
Wie zwei Tropfen Wasser voneinander unterschieden sind.
Die Verschmelzung ist einfacherer als ein Wimpernschlag.
Im Meer des Bewusstseins sind alle Unterschiede aufgehoben.

Sätze geschrieben auf Lindenpapier,
Sätze übergeben dem rauschenden Fluss.
Der Mond lacht, die Sonne lacht,
Die Wolken jauchzen vor Freude.
Meteoriten fallen wir
Zur Erde zurück.

Danksagung

Das Durchhaltevermögen, in dieser kurzen Zeitspanne fortwährend literarische Beiträge unserem viel geplagten Volk darzubringen — es auf die gute alte Zeit einzuschwören — ist mir nur qua Unterstützung meines engsten Kreises geschenkt worden. Da ist die Familie auf der einen, Katha, die zwei Susis, Christiane, Alex und Mike auf der anderen Seite. Ein großes Dankeschön ergeht auch an Matthias, dem ich meine Aurora zuerst offenbarte und der mir ans Herzen legte, nach all den Jahren endlich zu veröffentlichen. Von so vielen Originalen umgeben, war die Revisionsarbeit wahrlich ein einfaches Unterfangen.

Man wird ehrfürchtig, wenn man Experten auf ihrem jeweiligen Gebiet erkennt. Da werden $\frac{\text{Nam}}{\text{Perl}}$enketten aneinandergereiht und Exempel statuiert. Auf frischen Wind durfte ich immer von dem großen universalbegabten R. hoffen. So selten wir uns trafen, bebten diese Ereignisse doch immer nach, gleich dem Fluge tiefe Furchen ziehend.

Die Saat hält der Leser in den Händen. Möge sie dem höheren Ruhme Gottes dienen. Die kleinste Sonnenblume richtet sich in Richtung Sonne auf und so ist selbst das geringste Werk — und wie gering ich das meinige achte! — eine Leiter zum Himmel. Spirituelle Leitung konnte ich mir in diesen verweichlichten Tagen nicht von einem Landsmann erhoffen. Daß neulich in meiner örtlichen Kirche Esel die heiligen Hallen beschmutzen durften, ist die Klimax der Hybris und ein wohldurchdachtes Gleichnis. Wenn Vieh im Kirchenschiff wiederkäut, wird der Pastor selbst zum Esel. Es scheint einen Grund zu haben, warum die Sprachverwirrung nicht nur den Turmbau zu Babel unterbrach, sondern auch dem Esel seine eigenen Verständigungswege aufzeigte.

Ich missachte unsere Prediger nicht. Ich kann sie nicht verstehen. So verrenkt wird das Wort; zur Realsatire die Wirklichkeit. Das Antlitz zu einer pockenentstellten Fratze verzogen. *I don't speak human.*

Gefährlich ohne religiöse Führung, war mir dann Mari Emmanuel ein heller Stern, der das Reich des Nazareners verkündigte und mit allerlei Schindludern der neuen Regenbogen-Religion aufräumte. Sein Wort klar. Sein Blick, obwohl man sich angeschickt, ihm das Augenlicht zu nehmen, umso vieles klarer.

Ein einäugiger Seher unter den zweiäugigen Blinden, der uns oft an den unangenehmsten Stellen packt und dorthin zurückführt, wo Jesus wohnt. Wie wenig ich auch, wie aus meinen Apophthegmata hervorgeht, mich an die ersten zwei Gebote halte, ist mir diese Erinnerung an das alle Schicksale regierende Fatum eine liebe Wegzerrung, wozu noch das Gewürz des Father Spyridon hinzukommt, kostbar wie Safran. Bereits in kleinen Dosen aphrodisierend. Möge der Geist sich selbst erkennen und von der Gegenständlichkeit wieder in seinen geistigen Urzustand zurückkehren. Meine philosophischen Einsichten verdanke ich Rosenkranz, C. Hubig und Hösle, sowie dem Verfasser des Hegel-Handbuches. Alle vier den einen erläuternd. Wer neu ist auf dieser Erde, hat das große Glück, die Klassiker noch vor sich zu haben.

Wolfenbüttel, am 24. Juli 2024